This BOOK To BELONGS

DUSTIN

my name has _____ letters

my name has _____ vowels

my name has _____ consonants

My name is ...

Dustin

Dustin

Dustin

Dustin

Dustin

My name is ...

Dustin

Dustin

Dustin

Dustin

This is how I write my name:

My name is ...

Dustin

Dustin

Dustin

Dustin

Dustin

My name is ...

Dustin

Dustin

Dustin

Dustin

This is how I write my name:

 # My name is ...

Dustin

Dustin

Dustin

Dustin

Dustin

 # My name is ...

Dustin

Dustin

Dustin

Dustin

This is how I write my name:

My name is ...

Dustin

Dustin

Dustin

Dustin

Dustin

My name is ...

Dustin

Dustin

Dustin

Dustin

This is how I write my name:

My name is ...

Dustin

Dustin

Dustin

Dustin

Dustin

My name is ...

Dustin

Dustin

Dustin

Dustin

This is how I write my name:

My name is ...

Dustin

Dustin

Dustin

Dustin

Dustin

My name is ...

Dustin

Dustin

Dustin

Dustin

This is how I write my name:

My name is ...

Dustin

Dustin

Dustin

Dustin

Dustin

My name is ...

Dustin

Dustin

Dustin

Dustin

This is how I write my name:

# My name is ...

Dustin

Dustin

Dustin

Dustin

Dustin

My name is ...

Dustin

Dustin

Dustin

Dustin

This is how I write my name:

My name is ...

Dustin

Dustin

Dustin

Dustin

Dustin

My name is ...

Dustin

Dustin

Dustin

Dustin

This is how I write my name:

My name is ...

Dustin

Dustin

Dustin

Dustin

Dustin

 # My name is ...

Dustin

Dustin

Dustin

Dustin

This is how I write my name:

My name is ...

Dustin

Dustin

Dustin

Dustin

Dustin

# My name is ...

Dustin

Dustin

Dustin

Dustin

This is how I write my name:

My name is ...

Dustin

Dustin

Dustin

Dustin

Dustin

My name is ...

Dustin

Dustin

Dustin

Dustin

This is how I write my name:

My name is ...

Dustin

Dustin

Dustin

Dustin

Dustin

My name is ...

Dustin

Dustin

Dustin

Dustin

This is how I write my name:

My name is ...

Dustin

Dustin

Dustin

Dustin

Dustin

My name is ...

Dustin

Dustin

Dustin

Dustin

This is how I write my name:

My name is ...

Dustin

Dustin

Dustin

Dustin

Dustin

My name is ...

Dustin

Dustin

Dustin

Dustin

This is how I write my name:

My name is ...

Dustin

Dustin

Dustin

Dustin

Dustin

My name is ...

Dustin

Dustin

Dustin

Dustin

This is how I write my name:

My name is ...

Dustin

Dustin

Dustin

Dustin

Dustin

My name is ...

Dustin

Dustin

Dustin

Dustin

This is how I write my name:

My name is ...

Dustin

Dustin

Dustin

Dustin

Dustin

 # My name is ...

Dustin

Dustin

Dustin

Dustin

This is how I write my name:

My name is ...

Dustin

Dustin

Dustin

Dustin

Dustin

My name is ...

Dustin

Dustin

Dustin

Dustin

This is how I write my name:

My name is ...

Dustin

Dustin

Dustin

Dustin

Dustin

My name is ...

Dustin

Dustin

Dustin

Dustin

This is how I write my name:

My name is ...

Dustin

Dustin

Dustin

Dustin

Dustin

My name is ...

Dustin

Dustin

Dustin

Dustin

This is how I write my name:

My name is ...

Dustin

Dustin

Dustin

Dustin

Dustin

# My name is ...

Dustin

Dustin

Dustin

Dustin

This is how I write my name:

My name is ...

Dustin

Dustin

Dustin

Dustin

Dustin

My name is ...

Dustin

Dustin

Dustin

Dustin

This is how I write my name:

My name is ...

Dustin

Dustin

Dustin

Dustin

Dustin

My name is ...

Dustin

Dustin

Dustin

Dustin

This is how I write my name:

# My name is ...

Dustin

Dustin

Dustin

Dustin

Dustin

My name is ...

Dustin

Dustin

Dustin

Dustin

This is how I write my name:

My name is ...

Dustin

Dustin

Dustin

Dustin

Dustin

My name is ...

Dustin

Dustin

Dustin

Dustin

This is how I write my name:

My name is ...

Dustin

Dustin

Dustin

Dustin

Dustin

My name is ...

Dustin

Dustin

Dustin

Dustin

This is how I write my name:

My name is ...

Dustin

Dustin

Dustin

Dustin

Dustin

 # My name is ...

Dustin

Dustin

Dustin

Dustin

This is how I write my name:

My name is ...

Dustin

Dustin

Dustin

Dustin

Dustin

My name is ...

Dustin

Dustin

Dustin

Dustin

This is how I write my name:

My name is ...

Dustin

Dustin

Dustin

Dustin

Dustin

My name is ...

Dustin

Dustin

Dustin

Dustin

This is how I write my name:

My name is ...

Dustin

Dustin

Dustin

Dustin

Dustin

 # My name is ...

Dustin

Dustin

Dustin

Dustin

This is how I write my name:

# My name is ...

My name is ...

 # My name is ...

My name is ...

My name is ...

My name is ...

My name is ...

 # My name is ...

My name is ...

 # My name is ...

My name is ...

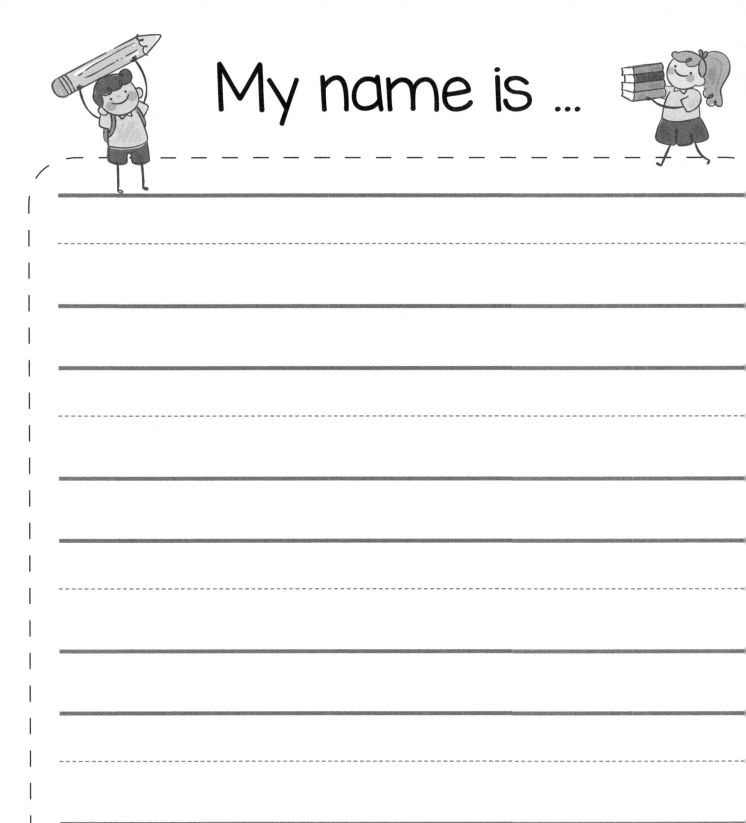

My name is ...

 # My name is ...

My name is ...

 # My name is ...

My name is ...

 # My name is ...

 # My name is ...

My name is ...

 # My name is ...

My name is ...

 # My name is ...

My name is ...

# My name is ...

 # My name is ...

My name is ...

Made in the USA
Las Vegas, NV
26 July 2022

52177176R00050